宋代——
文治兴盛

◎ 主编 金开诚

◎ 编著 于元

吉林出版集团
吉林文史出版社

图书在版编目（CIP）数据

宋代：文治兴盛／金开诚著. —— 长春：
吉林文史出版社，2011.11 (2023.4重印)
（中国文化知识读本）
ISBN 978-7-5472-0924-0

Ⅰ.①宋… Ⅱ.①金… Ⅲ.①中国历史－宋代
Ⅳ.①K244

中国版本图书馆CIP数据核字(2011)第226551号

宋代——文治兴盛

SONGDAI WENZHI XINGSHENG

主编／金开诚　编著／于　元
项目负责／崔博华　责任编辑／崔博华　王文亮
责任校对／王文亮　装帧设计／李岩冰　李宝印
出版发行／吉林出版集团有限责任公司　吉林文史出版社
地址／长春市福祉大路5788号　邮编／130000
印刷／天津市天玺印务有限公司
版次／2011年11月第1版　2023年4月第3次印刷
开本／660mm×915mm　1/16
印张／9　字数／30千
书号／ISBN 978-7-5472-0924-0
定价／34.80元

前　言

　　文化是一种社会现象，是人类物质文明和精神文明有机融合的产物；同时又是一种历史现象，是社会的历史沉积。当今世界，随着经济全球化进程的加快，人们也越来越重视本民族的文化。我们只有加强对本民族文化的继承和创新，才能更好地弘扬民族精神，增强民族凝聚力。历史经验告诉我们，任何一个民族要想屹立于世界民族之林，必须具有自尊、自信、自强的民族意识。文化是维系一个民族生存和发展的强大动力。一个民族的存在依赖文化，文化的解体就是一个民族的消亡。

　　随着我国综合国力的日益强大，广大民众对重塑民族自尊心和自豪感的愿望日益迫切。作为民族大家庭中的一员，将源远流长、博大精深的中国文化继承并传播给广大群众，特别是青年一代，是我们出版人义不容辞的责任。

　　本套丛书是由吉林文史出版社组织国内知名专家学者编写的一套旨在传播中华五千年优秀传统文化，提高全民文化修养的大型知识读本。该书在深入挖掘和整理中华优秀传统文化成果的同时，结合社会发展，注入了时代精神。书中优美生动的文字、简明通俗的语言、图文并茂的形式，把中国文化中的物态文化、制度文化、行为文化、精神文化等知识要点全面展示给读者。点点滴滴的文化知识仿佛颗颗繁星，组成了灿烂辉煌的中国文化的天穹。

　　希望本书能为弘扬中华五千年优秀传统文化、增强各民族团结、构建社会主义和谐社会尽一份绵薄之力，也坚信我们的中华民族一定能够早日实现伟大复兴！

目录

一、兄弟俩开创一代文治

宋太祖

宋朝是赵匡胤和他弟弟赵光义联手建立的。

唐朝灭亡后,我国北方相继出现了五个朝代,即后梁、后唐、后晋、后汉、后周。

后周广顺元年(951年),郭威建立后周,史称后周太祖。

三年后，郭威病死，皇后柴氏无子，她的侄儿柴荣继位，史称后周世宗。

正当后周世宗夙兴夜寐，南征北战，打算统一全国时，不幸于后周显德六年（959）突然生病去世了。他7岁的儿子柴宗训继位，史称后周恭帝。

第二年正月初一，正当后周君臣庆贺新年时，北方传来警报说："北汉和辽国联兵南下，声势很大！"朝廷闻报，忙派赵匡胤率领大军前去抵抗。

赵匡胤时年33岁，正担任殿前都点检，是皇帝亲军的最高长官。他还兼任归德军节度使，肩负防守都城汴京的重任，掌握着后周的军事大权。

赵匡胤状貌雄伟，豁达大度，战功累累。他多次冲锋陷阵，身先士卒，在军中树立了极高的威信。

赵匡胤率领大军出发后，走到汴京东北一个叫陈桥驿的地方宿营时，将士们议论说："如今皇上年幼，不能主持朝政。我们舍生忘死为国杀敌，有谁能知道呢？不如立赵点检做天子。"

五更时分，军士齐集驿门前，宣称要立赵匡胤做天子。

黎明时分，军士拥到赵匡胤寝门前，赵匡胤的弟弟赵光义忙进去通报。

赵匡胤起身来到户外，只见众将手持兵器，列队站在庭前，齐声说："诸军无主，我们愿意拥戴点检做天子！"

赵匡胤还未来得及回答，就有人将事先准备好的黄袍披在他的身上。接着，

众将士跪地高呼万岁，然后拥他一起上马。

赵匡胤揽辔问道："我有号令，你们肯听吗？"

众将士纷纷下马，异口同声地回答说："我们唯命是从！"

赵匡胤说："那好，当今皇上和太后都是我侍奉的，你们不能惊扰他们；朝中的大臣都是我的同僚，你们也不许冒犯；国库和百姓的家，你们不许抢劫。凡是听令的，今后定有重赏；违令的，立即严办！"

众将士再拜齐呼："听令！"

于是，赵匡胤整军回京。

后周大臣韩通性情刚直，听说赵匡胤造反，连忙从内廷飞奔回家，要起兵镇压，被赵匡胤的部将王延升杀死。

众将士将后周宰相范质等大臣拥到赵匡胤面前，要他们拜见。赵匡胤见了他们，呜咽流涕说："我有背天地，竟做出了这种事！"

范质还未来得及回话，赵匡胤的部将罗彦瓌按剑上前大喝道："我辈无主，今日必须立一位天子！"

范质等人互相看了看，只得走下台阶，列队下拜，然后召集文武百官。

下午，朝班确定下来。翰林承旨陶谷从袖中拿出周恭帝的禅位制书，宣徽使引导赵匡胤向北下拜接受禅让，然后扶赵匡胤登上崇元殿，穿上龙袍，戴上皇冠，即皇帝位，建立了宋朝，史称宋太祖。

这年，赵光义21岁。

赵匡胤称帝后，先后攻灭南平、后蜀、南汉、南唐等割据政权。

宋太祖虽出身行伍，但喜欢读书，即使在军中也总是手不释卷。他不但喜欢

读书，还能吸收书中的知识，颇能独立思考，常有独到的见解。

为了不让属下有闲话讲，宋太祖律己甚严，常以历史上皇帝的功过为鉴。一些知识分子总是歌颂唐太宗有接纳谏言的雅量，对此，他有不同的看法，他说："唐太宗能够纳谏，大臣直言其过他不以为耻，何不干脆不犯过错，让人无闲言啊？"

宋太祖爱读史书，甚至提出要所有武将都要大量读书，学会治国的道理。宋太祖是打天下的武将，称帝后，牢记《史记》中所说的"居马上得之，宁可以马上治之乎？"的话。

宋太祖称帝不到半年，就有两个节度使起兵反对他。他御驾亲征，费了好大周折才平定叛乱。为此，他总觉得龙椅坐得不太踏实。

有一天，宋太祖问宰相赵普说："唐末以来战乱不已，不知道死了多少人。这

到底是为什么呢？"

赵普回答说："道理很简单，战乱的原因在于藩镇的权力太大。如果将兵权集中到朝廷，天下自然就太平无事了。"

宋太祖听了连连点头，赞扬赵普说得在理。

接着，赵普对宋太祖说："禁军大将石守信和王审琦兵权太大，还是把他们调离禁军为好。"

宋太祖笑了笑说："这你完全可以放心，这两人都是朕的老朋友，不会反对朕的。"

赵普摇了摇头说："我并不担心他们会叛变。但据臣看，这两个人都没有统帅的才能，管不住下面的将士。万一他们下面的人闹起事来，只怕他们也身不由己啊！"

宋太祖听了这话，恍然大悟，高兴地说："多亏你提醒。"

几天后，宋太祖在宫里设宴，请石守信、王审琦等几位老将喝酒。

酒过三巡，宋太祖说："要不是你们的帮助，朕也不会有今天。但是，做皇帝也有很大的难处，还不如做节度使自在。这一年来，朕没有一夜睡过安稳觉。"

石守信等人听了，忙问其故，宋太祖说："这还不明白？皇帝这个位子谁不眼红呀？"

石守信等人听出话音来了，一个个都慌了，跪在地上说："陛下何出此言，谁还敢对陛下三心二意？"

宋太祖摇摇头说："对你们朕还信不过吗？只怕你们的部下有人贪图富贵，把黄袍披在你们的身上，你们想不干能

行吗？"

石守信等人听到这里，感到大祸临头，含着眼泪说："我们都是粗人，没想到这一点，请陛下为我们指一条出路吧。"

宋太祖说："替你们着想，不如把兵权交出来，到地方上去做个闲官，多置些田产和房屋，给子孙留下家业，快快活活度晚年。朕和你们结为亲家，彼此毫无猜疑，不是更好吗？"

石守信等人异口同声地说："陛下为我们想得太周到了！"

第二天上朝，石守信等人都递上奏章，说自己年老多病，请求辞职。宋太祖马上准奏，收回他们的兵权，赏给他们一大笔财物，打发他们到地方上去做节度使。

历史上把这件事称为"杯酒释兵权"。

宋太祖收回将领的兵权后，建立了新的军事制度，从地方军队挑选精兵编成禁军，由皇帝直接控制，各地的行政长官也由朝廷委派精明强干的文官担任。通过这些措施，新建立的北宋王朝渐渐稳定下来，为宋朝文治创造了一个良好的环境。

收回兵权后，宋太祖又决定加强君权。

一天早朝，文武大臣汇报自己的事情

后，一个个退到殿外，走在最后的是后周留任的宰相范质。当范质快要走出殿门时，宋太祖突然说："范老爱卿请留步，

朕有一事与你相商。"

听到这话，范质急忙转过身来回到殿上，重新坐在自己的座位上。在中国古代，宰相的地位是很高的，可以坐着和皇帝说话，而其他官员只能站着。

范质坐下后，宋太祖递给他一份大臣的奏折说："范爱卿，你看这事如何处置？"

范质接过奏折仔细地看了起来。这时，宋太祖从龙椅上站了起来向后宫走去。

范质看完奏折后，想好了处置的办法，可是等了半天也不见宋太祖出来，就起身去找他。

这时，宋太祖走了出来，范质连忙回到座位前要坐下，却发现椅子已经没有了。

原来，趁范质起身时，宫中侍卫悄悄把椅子拿走了。

范质不知如何是好，只得站着和宋太

祖说话。

从这以后，上朝时宰相也和其他大臣一样只能站着和皇帝说话了。这作为一项制度确定下来，后来一直被各朝所沿用。

赵匡胤称帝后，在政治上实行了加强中央集权的一系列措施，军事上开始统一全国的征战，在思想文化方面则兼容并蓄，以儒家思想为统治思想的主体，又允许其他各种宗教存在和发展，使它们共同为皇帝服务，从而为佛教的发展提供了前提。

周世宗坚决反佛，但佛教在吴越、南唐、后蜀等南方割据国仍很流行。宋太祖统一后，对佛教采取保护政策，以争取南方的支持。进士李蔼曾作《灭邪集》反佛，宋太祖说他"非毁佛教，诳惑百姓"，把他流配到沙门岛去了。

建隆元年（960年）六月，宋太祖下诏，让各地保护寺院，度童行（习佛法

的学童，不剃发）8000人，作为佛教继续

发展的人才储备。乾德四年（966年），

宋太祖又在全国各地选拔了157名僧人，

西去印度求法。这是中国历史上第一次

由皇帝亲自组织的大规模的求法活动，

是为了佛教的发展寻求理论。乾德五年

（967年），宋太祖下诏，不准再行毁坏铜

铸佛像。

宋太祖认识到佛教对封建统治有一

定的裨益，决定保护佛教，用以加强

国内的思想统治。

开宝四年（971年），宋太祖

令张从信到成都刻印佛教大藏

经。

自汉朝到隋唐，佛经在中国的流传

主要靠写本流传。佛教经典卷帙浩繁，需

日积月累始能抄写完毕，抄写佛经极为

不易，因此写经被佛教颂为三宝功德之

一。雕版印刷术的发明为佛经的广泛流

传开辟了新的途径，宋太祖决定刻印

佛经。按佛教的说法，全部佛教经典汇集在一起称为大藏经。大藏经分为三部分，即经藏、律藏和论藏。所谓经藏，专指释迦牟尼所述佛法之经文，其中只有一个例外，即禅宗六祖慧能的《坛经》也属经藏；所谓律藏即佛教全部戒律；所谓论藏即一切关于佛教的论著，既有印度僧人的论述，也有中国或其他国家和地区僧人的论述。宋太祖刻印的大藏经始于开宝四年（971年），历时十三载，共刻印版十三万块，计六百五十三帙，约合六千六百二十余卷，成为中外一切官私刻藏的范本。

隋唐时期，在医学理论、药物学、方剂学以及临床医学方面，出现了一批专著，如巢元方的《诸病源候论》、杨上善的《黄帝内经太素》（简称《太素》）、苏敬的《唐本草》、孙思邈的《备急千金要方》《千金翼方》和王焘的《外台秘要》等。由于医学书籍多依赖辗转手抄流传，以致讹误很多；而唐末五代长期的社会动荡，造成了大量医学文献的毁灭和散失。因此，最大限度地搜集、利用当时尚存的医学文献，编纂医学著作以保存医学文献已迫在眉睫。宋太祖组织翰林医官院修编了《开宝详定本草》和《开宝新详定本草》。

为了搞好文治，为知识分子营造宽松的政治环境，宋太祖在太庙寝殿的夹室里镌立了一座一丈来高的石碑，名为"誓碑"，规定春秋庙祭及新天子继位参拜列祖列宗后，礼官要请皇帝默读誓词。这个仪式极神秘，皇帝默诵誓词时，身边只留一名不识字的小太监，因此除了皇帝谁也不知道誓词的内容。直到北宋末年金兵攻陷开封洗劫太庙时，碑文才流传于世。

原来，誓碑上的碑文共有三条：一、柴（荣）氏子孙有罪不得处以刑罚，纵然犯谋逆大罪，只可于狱中赐其自尽，不得在市曹刑戮，亦不得连坐支属；二、不得杀士大夫及上书言事人；三、子孙有违此誓者，天必殛之。

誓词很简单，却把阅读誓词的方式弄得十分神秘，目的是要对后世子孙产生一种特殊的约束力。誓词中的第二条，极有利于调动知识分子的聪明才智，因而宋朝涌现那么多杰出的政治家、文学家、思想家，使宋朝的文治达到了中国封建社会的顶峰。

宋太宗

开宝九年（976年）十月，宋太祖突然死去，他的弟弟赵光义登基，即宋太宗。

宋太宗决定完成哥哥未竟的事业，使用政治压力，迫使吴越和闽纳土归降，两浙、福建归入了宋的版图。

太平兴国四年（979年），宋太宗亲率大军北征，采用围城打援的战法，派潘美等率军四面合围太原，并击败了辽国的援兵，灭了北汉。至此，安史之乱以来200多年的军阀割据局面基本上结束了。

北宋的统一为南北经济、文化的发展创造了有利的条件。

宋太宗是北宋第二位皇帝，比宋太祖小12岁，在位22年，享年58岁。

宋太宗勤于政事，关心民间疾苦。有一年，天气非常寒冷，京城下了大雪。宋太宗在皇宫中穿着棉衣，守着火炉，还是觉得十分寒冷。他想天气这么冷，穷苦的百姓可怎么活下去呢？于是，他叫官员带着粮食和木炭送给京城那些穷苦百姓。

京城里的人见了，都夸宋太宗是个好皇帝，能雪中送炭，及时帮助别人。

宋太宗继位不久，一些节度使进京朝见皇帝，宋太宗在御花园举行宴会请他们喝酒。席上，宋太宗说："你们都是国家老臣，现在藩镇的事务那么忙，还要你们干这种苦差事，朕真是过意不去！"

有个乖巧的节度使立即站起来说："陛下说得是，臣本来没什么功劳，留在这个位子上也不合适，请陛下准我告老还乡吧。"

有个节度使不知趣，借酒大夸自己，说自己立过多少功劳。宋太宗听了，皱着眉头说："那都是陈年老账了，不要总是挂在嘴上。"

第二天，宋太宗把这些节度使的兵权全都解除了。后来，干脆把三十多位节度使调进京城养了起来。至此，节度使完全没有了军权，成为一种荣誉性的虚衔。

接着，宋太宗建立起一套完善的文官制度。

太平兴国二年（977年），宋太宗举行了继位后的第一次科举，录取人数远远超过前朝，多达五百余人，仅进士就有一百零九人。终宋太宗一朝，科举考试登第的近万人。

通过科举，宋太宗网罗了许多人才。宋朝上至中央下至郡县，衙门里坐着管事的都是文官，标志着文官政治的形成。宋太宗让这些文官关心百姓，重视农业，兴修水利，奖励生产。

北宋初年，史馆藏书万余卷；后来削平诸国，各国藏书集中到京师；宋太宗又降诏让百姓献书。这样，国家藏书达到了八万卷。这些书集中于史馆、昭文馆、集贤院，通称三馆。三馆房屋卑陋，地近闹市。宋太宗到三馆查看藏书时，感慨地说："三馆如此简陋，如何接待天下贤士啊！"于是降诏另修新馆，赐名崇文院。

太平兴国二年，宋太宗降诏，让李昉、扈蒙、徐铉、张洎等儒臣利用国家藏书编类书一千卷，书名《太平总类》；编文章一千卷，书名《文苑精华》；编小说一千卷，书名《太平广记》；编医方一千卷，书名《神医普救》。这几部书因编于太平兴国年间，所以大都冠以"太平"二字。

这些书整理了宋初的皇家藏书，保存了宋以前的大量书籍资料。后来，这些藏书散失，许多历史典籍就靠他们编的这几部书保存下来。因此，宋太宗降诏编书是一件功在千秋的壮举。

《太平总类》于太平兴国八年（983年）编成。成书后，宋太宗对宰相说："新编的《太平总类》，从今日起每日进三卷给朕，朕要亲览。"

宰相说："陛下以读书为乐自然是好事，但一天看三卷书恐怕太伤神了。"

宋太宗说："朕性喜读书，开卷有益。每见前代兴废，可以作为鉴戒。此书不过千卷，朕每天读三卷，定于一年读完。"

从这天起，宋太宗每日读《太平总类》三卷，从不间断。如有哪一天事情太多而未能读完三卷，则一定在以后有空时补上。一年后，宋太宗果然读完了《太平总类》，并赐此书名为《太平御览》。宋太宗从《太平御览》中读了大量史实，因而学问十分渊博，经常和群臣讨论历史上的帝王得失，处理国家大事也十分得心应手了。

大臣们见皇帝如此勤奋读书，也纷纷效仿，朝廷上下形成了一股读书的风气。

宋太宗喜欢书法，常常学书到半夜，曾为石鼓书院题匾。

石鼓书院建于衡州石鼓山（今衡阳市石鼓区石鼓山），故名。宋太宗继位后，赐"石鼓书院"匾额和学田，使书院名声大振。作为宋代四大书院之首，湖湘文化的重要发祥地，石鼓书院曾鼎盛千年，在我国书院史、教育史、文化史上享有极高的地位，为国家培养了大批人才。

宋太宗重视佛教，继位不久便临幸佛寺，公开认可佛教，给予支持。宋太宗极重视佛经的翻译，创建译经院，制订了佛典的翻译计划，聚集译经专家，训练译经人才，为佛教的传播贡献极大，对国家的安定起到了不可低估的作用。

北宋汴京的主要寺院都是在宋太宗下令建造或整修的，如启圣禅院、妙觉禅院、太平兴国寺、开宝寺、天清寺、景德寺、普安院等。

宋太宗召见华山道士陈抟，

赐他封号；命南唐降臣徐铉校正道书；又在汴京、苏州等地修建道观。道教逐渐得到朝廷的提倡，为创建太平盛世出力。

太平兴国三年（978年），王怀隐等医官奉诏编纂《太平圣惠方》。这是我国第一部由政府组织编写的大型综合类方书，全书共100卷，内容涉及五脏病证、内、外、骨伤、金创、胎产、妇、儿、丹药、食治、补益、针灸等临床所有各科的病因、病理和方药。

《太平圣惠方》无论从医学价值还是编辑思想上对后世医学书籍的编纂均产生了很大的影响，其中的一些方法对现代医学书籍的编纂仍有一定的参考价值。

宋太祖和宋太宗兄弟俩都有一颗济世惠民的心，终其一生，为百姓做了不少好事，大多是利在当代，功在千秋的。

二、父子守成

宋真宗

宋太宗死后，宋真宗和宋仁宗父子
先后继位。他们继承了北宋初期的文治
国策，使宋朝进一步向文明发展。

宋真宗赵恒是北宋的第三位皇帝，他
是宋太宗的第三个儿子，登基前曾被封为
韩王、襄王和寿王，宋太宗至道三年（997
年）继位。

宋太宗继位后，雄心勃勃地打算收复燕云十六州，率军亲征辽国，结果大败。宋军几乎全军覆没，宋太宗臀部中了辽军两箭。此后，宋太宗长年累月受到箭伤的折磨，身体健康每况愈下。

宋太宗晚年迷信相术，曾招一名僧人入宫给子侄诸王看相。僧人看了几个子侄，只有赵恒还在睡觉，没有出来。僧人奏道："我遍观诸王，命都不及寿王。"宋太宗奇怪地问道："你还没有见过他，怎么知道他的命最好？"僧人回答说："我刚才见过站在寿王门前的三个仆人，他们都有将相的气度。仆人尚且如此，主人自然高贵了。"于是，宋太宗就立赵恒为太子。

宋太宗于997年3月病死后，赵恒继位，史称宋真宗，第二年改年号为"咸平"。

宋真宗统治有方，注意节俭，政治较为安定。北宋的统治因而日益巩固，国家管理日益完善。

宋真宗景德元年（1004年）秋，辽国萧太后和辽圣宗亲自率领20万大军南下，直逼黄河北岸的澶州（今河南省濮阳市）城下，给北宋的都城造成了严重的威胁。

警报一夜五次传到汴京，宋真宗召集群臣商议对策，副相王钦若、陈尧叟主张南逃，宰相寇准厉声道："出此下策者应当斩首！如果放弃汴京南逃，势必动摇人心，敌人会乘虚而入，国家就难以保全了；如果皇上御驾亲征，士气大振，一定能打退辽军的。"

宋真宗同意御驾亲征，由寇准随同指挥。军至韦城（河南省滑县东南）时，宋真宗听说辽军势大，又想退兵。寇准

严肃地说："如今敌军逼近，情况危急，我们只能前进一尺，不能后退一寸。河北军民正日夜盼望陛下，进军将使我军士气百倍，后退则会军心涣散，敌人乘机进攻，陛下恐怕连金陵也保不住了。"

宋真宗听了此言，才勉强同意继续进军，渡河进入澶州。各路宋军见到宋真宗的黄龙大旗，都欢呼雀跃，高喊"万岁"，士气大振。寇准指挥宋军出击，人人奋勇，个个争先，消灭辽军数千人，射死了辽军主将萧达兰。

萧太后见辽军受挫，连忙要求议和。宋真宗认为国家府库充实，拿出一些资财换取和平，免得生灵涂炭，是值得的。经过寇准的坚持和一再讨价还价，于12月正式议和，这就是历史上有名的"澶渊之盟"。盟约内容如下：宋辽约为兄弟之国，辽主（辽圣宗耶律隆绪）称宋真宗为兄，宋真宗尊萧太后（辽圣宗生母萧燕燕）为叔母；宋每年给辽绢二十万匹、银十万两，称为"岁币"；双方各守现有疆界，不得侵犯，并互不接纳和藏匿越界入境之人；辽军撤退时，宋军不得沿途袭击。

从此，北宋和辽国相安无事，长达100多年未发生战争。

"澶渊之盟"是中国历史上的著名事件，对整个北宋具有非比寻常的意义：一方面，这是一个在宋军占有优势的情况下签订的屈辱性条约；另一方面，这个屈辱性的条约给宋辽边境带来了长达百余年的和平，极大地促进了两国经济、文化的发展。历史学家蒋复璁甚至认为澶渊之盟"影响了中国思想界及中国整个历史"。

澶渊之盟后，宋辽两国百姓开始边境贸易，互通有无，确如兄弟一般。

外患平息了，国家安定了，宋真宗着手举行封禅大典。

宋真宗大中祥符元年（1008年），宋真宗率千乘万骑从汴京出发，浩浩荡荡来到泰山，建起了天贶殿，封泰山神为"天齐仁圣帝"，封泰山女神为"天仙玉女碧霞元君"。

泰山大观峰东南石壁被称作"宋摩崖"，即宋真宗封禅泰山的《登泰山谢天书述二圣功德铭碑》。此外，另有一处相同内容的石碑曾立在泰安城南，由五块巨石拼成，因其字朝北，俗称"阴字碑"，

宋真宗继承宋太祖和宋太宗的衣钵，大力提倡儒术，同时又提倡佛教和道教，建立起儒佛道三教合一的思想统治。

宋朝建国后，孔子四十四代孙孔宜考进士落第，曾上书宋太祖，说他是孔子的后代，请给个官做，宋太祖只赏他做一名小小的曲阜县主簿。宋太宗时封他做文宣公，并恢复了被周世宗废除的免税权。宋真宗继位后，

令孔宜之子孔延世袭封文宣公，还让他做了曲阜县令。

宋真宗到泰山祭祀时，顺路亲自到曲阜孔庙行礼，重赏孔氏家族，以示对孔子的尊崇。

宋真宗命国子监祭酒邢昺等校定《周礼》《仪礼》等书的"正义"，完成九经"疏义"，大量印行。这样，九经都有了详细的注释，便于人们学习。

景德二年（1005年），宋真宗到国子监看书，问书有多少。邢昺回答说："国初不到四千，现在已有十余万部了。我年少时学习儒家经典，常有学生见不到经疏，因为传写不齐。现在大量印书，连普通人家都有了，真是欣逢盛世啊。"

宋真宗曾撰《文宣王赞》，歌颂孔子是"人伦之

表"，儒学是"帝道之纲"；又撰写《崇儒术论》，在国子监刻石，一再推崇儒学。

宋真宗不仅是皇帝，还是一位诗人。为了鼓励人们读书，他曾写了一首著名的《励学篇》："富家不用买良田，书中自有千种粟。安居不用架高楼，书中自有黄金屋。娶妻莫恨无良媒，书中自有颜如玉。出门莫恨无人随，书中车马多如簇。男儿欲遂平生志，五经勤向窗前读。"

为了让民心向善，宋真宗大力提倡佛教。在撰写《崇儒术论》的同时，又撰写了《崇释论》，说佛教与孔孟"迹异而道同"。

宋真宗继续建寺译经，并亲自为佛经作注。在宋真宗一朝，全国僧徒近四十万，尼姑也有六万多。宋真宗统治时期是宋朝僧徒最多，佛学最盛的时期。

宋真宗崇信道教，常说"释道二门，有补世教"，又说"三教（儒、道、释）之设，其旨一也"。宋真宗说玉皇在梦中告诉他赵氏始祖是轩辕皇帝，于是尊玉皇为玉皇大天帝，赵氏始祖为圣祖天尊大帝，布告天下。参知政事丁谓等制定礼仪，大事祭祀。

宋真宗下令在汴京修建玉清昭应宫，用银五千两铸造玉皇像，用金五千两铸造圣祖像，又用金五千两铸造宋真宗像侍立于侧，表明他是道教的忠实信徒。

宋真宗又命宰相王钦若主持续修道藏，搜编道书四千三百多卷，并在全国各地大修道观。

景德二年（1005年），宋真宗命王钦若等十八人搜集历代君臣事迹，编成《册府元龟》一书。此书是史学类书，历八年成书，总计一千卷，为北宋四大部书之一。

"册府"是帝王藏书的地方，"元龟"是大龟，古代用以占卜国家大事。书名寓意作为后世帝王治国理政的借鉴。

由于此书征引繁富，成为后世文人学

士运用典故和引据考证的一部重要参考资料。其中唐、五代是《册府元龟》的精华所在，不少史料为群书所仅见，即使与正史重复者，也有校勘价值。

全书分帝王、闰位、僭伪、列国君、储宫、宗室、外戚、宰辅、将帅、台省、邦计、宪官、谏诤、词臣、国史、掌礼、学校、刑法、卿监、环卫、铨选、贡举、奉使、内臣、牧守、令长、宫臣、幕府、陪臣、总录、外臣等三十一部。

宋真宗重视教育，关心知识分子的培养。

应天府书院又称睢阳书院，其前身南都学舍位于河南省商丘县城南，由五代后晋杨悫所创，为中国四大书院之一，唐朝灭亡后，中国进入五代十国时期，官学遭到破坏，中原地区开始出现一批私人创办的书院，应天府书院由此产生。后晋时，杨悫在归德军将军赵直扶助下聚众讲学，后来他的学生戚同文继续办学，

应天府书院的前身就是当时归德军的南都学舍。

北宋初期急需人才，实行开科取士，睢阳书院的生徒参加科举考试，登第者达五六十人之多。文人士子慕戚同文之名，不远千里前来求学，睢阳书院逐渐成为学术文化交流与教育中心。戚同文病逝后，学校一度关闭。

宋真宗时，当地人曹诚申请出资三百万建学，在杨悫旧址建房150间，藏书1500卷，并愿以学舍入官，并请令戚同文之孙戚舜宾主教，以曹诚为助教，经由应天府知府上报朝廷，受到宋真宗的赞赏，翌年将该书院定名为"应天府书院"，并赐匾额。

交子是世界最早使用的纸币，发行于宋真宗晚年。

最初的交子实际上是一种存款凭证。北宋初年，四川成都出现了为不便携带巨款的商人经营现金保管业务的交子铺户。存款人把现金交给铺户，铺户把存款数额填写在用楮纸制作的纸卷上交给存款人，并收取一定的保管费。这种临时填写存款金额的楮纸券称交子。随着市场经济的发展，交子的使用越来越广，许多商人联合成立专营发行和兑换交子的交子铺，并在各地设立分铺。由于铺户守信用，现金随到随取，交子逐渐赢得了很高的信誉。后来，商人之间的大额交易，为了避免搬运铸币的麻烦，也越来越多地直接用交子来支付货款了。再后来，交子铺户在经营中发现只动用部分存款并不危及交子的信誉，便开始印刷有统一面额和格式的交子，作为一种新的流通手段向市场发行，使"交子"逐渐具备了货币的特性，真正成了纸币。随着交子影响的逐步扩大，对其进行规范化管

理的需求也日益突出。宋真宗景德年间
（1004—1007年），益州知州张泳对交子
铺户进行整顿，清除其中一些不法之徒，
专由16户富商经营。至此，交子的发行正
式取得了政府的认可。

交子的出现给商业提供了极大的方
便，从而促进了北宋商业的发展。

宋真宗在位25年，国家日益昌盛，史
称"咸平之治"。

北宋是中国政治、经济、文化高度发
展的巅峰时期，中原在工业化、商业化、

货币化和城市化方面远远
超过世界其他国家，汴京
成了当时世界最繁华最著
名的国际化大都会。

当时，汴京常住人口
150万，比唐朝首都长安更
繁华。由于国势强盛，当时
宋朝在外国人心目中是天
国，每年有大量的外国人涌

入中国，到中原朝拜、经商或定居，宋人
在世界各地也受到热烈的欢迎。

宋真宗乾兴元年（1022年），宋真宗
病逝，由太子赵祯继位，史称宋仁宗。

宋仁宗

宋真宗的后妃曾生过5个
男孩，都夭折了。宋仁宗是宋真
宗的第六子，生于大中祥符三年
（1010年）。他就是世人皆知的
民间故事《狸猫换太子》里的太
子，但这个故事是虚构的传说，
真实的故事是这样的：

宋真宗皇后刘氏无子，便将侍女李
氏所生的赵祯抱养为己子。李氏不敢流
露出任何不满情绪，否则不仅会危及自
身，也会给亲生儿子带来灾难。

宋仁宗继位时才13岁，由刘皇后垂
帘听政。

宋仁宗明道元年（1032年），李氏死去。李氏是在临死时才被封为宸妃的，刘太后在李宸妃死后，最初是想秘而不宣，打算以一般宫人的礼仪埋葬了事。这时，宰相吕夷简力劝道："太后，要想保全刘氏一门，必须厚葬李妃。"刘皇后这才意识到问题的严重性，于是以最高规格为李宸妃发丧。

明道二年，刘皇后死后，燕王将宋仁宗生母真相告诉了宋仁宗，宋仁宗的震惊无异于天崩地裂。他抑制不住内心的悲伤，一面亲赴安放李妃灵柩的洪福院，一面派兵包围了刘皇后的住宅，以便查清事实真相后再行处理。这时，宋仁宗不但知道了自己的身世，而且听说亲生母亲死于非命，他一定要开棺查验真相。打开棺木后，只

见尸身用水银浸泡，母亲安详地躺在棺木中，服饰华丽，容貌如生，宋仁宗不禁叹道："人言岂能信？"随即下令遣散了包围刘宅的兵士，并在刘皇后遗像前焚香说："自今大娘娘平生分明矣。"意思是说刘皇后是清白无辜的，她并没有谋害自己的母亲。

生母虽然厚葬了，但却未能冲淡宋仁宗对母亲的怀念，他要让母亲享受到生前应得的名分。于是，他建了一座奉慈庙分别供奉刘氏、李氏的牌位。刘氏被追谥为庄献明肃皇太后，李氏被追谥为庄懿皇太后。

宋仁宗在位41年，宅心仁厚，治国宽松，维护了正常的社会秩序，长期保持良好的社会风气，让百姓过上了安定的日子。

有一天，宋仁宗处理奏章直到深夜，又累又饿，

很想喝碗羊肉汤，但他忍着没有说出来。

第二天，皇后知道了，十分心疼，劝他说：

"陛下日夜操劳，千万要保重身体，想喝羊肉汤，随时吩咐御厨就是了。"宋仁宗对皇后说："朕一时随便索取会被人看成惯例的，朕昨夜如果喝了羊肉汤，御厨就会夜夜杀羊，一年下来要杀数百只，形成定例。这样，十年就是数千只，日后宰杀之数是难以计算的。朕宁愿忍一时之饥渴，不能创此恶例。"

有一天，宋仁宗散步时，总是回头看，随从们都不知道这是为什么。宋仁宗回宫后，急着对嫔妃说："朕渴坏了，快倒水来。"嫔妃觉得奇怪，问他说："为什么在外面时不让随从侍候饮水？"宋仁宗说："朕屡屡回头，但没看见他们带水壶。如果朕要水的话，肯定会有人获罪受罚的，因此就忍着口渴回来喝了。"

宋仁宗重视法治，一直支持包拯办案。包拯在担任监察御史和谏官期间，屡屡犯颜直谏，唾沫星子都溅到了宋仁宗的脸上，但他一面用衣袖擦脸，一面还接受包拯的建议。正因为宋仁宗如此宽容，我国历史上才出了包拯这样的大清官。

我国古代四大发明中，有三大发明——活字印刷术、火药、罗盘出现在宋仁宗时代。

宋仁宗康定二年至庆历八年（1041—1048年），印刷工人出身的毕升发明了陶活字印刷术。这是因为宋仁宗在位期间文化艺术特别发达，有大量书籍急于要印刷，才促成了这一发明。在欧洲，德国于1456年才第一次用活字印刷术印刷了《圣经》，比毕升晚了400多年。

火药用于武器，首见于《武经总要》一书，此书是由宋仁宗朝的曾公亮、丁度

等人编纂的。火药源于炼丹，道士在炼长生不老药时，无意之中发明了火药。

沈括是宋仁宗朝的进士，博学多才，对天文、历法、物理、医学、音乐无所不通，而最重要的发明是用于航海的指南针。

北宋科举取士规模日益扩大，而宋初官学却长期处于低迷不振的状态。士人求学需求很大，却苦无其所，在这种情况下，书院应运而生，起到了填补官学空白的作用，为广大士子提供了读书求学的场所。朝廷崇尚儒术，鼓励民间办学。宋初提倡文治，但国家一时又无力大量创办官学，故朝廷对书院给予多方面的表彰和赞助。像著名的白鹿洞书院、岳麓书院、应天府书院、嵩阳书院都得到朝廷赐书、赐匾额、赐学田和奖励办学者等不同形式的支持，这些支持无疑是促进宋初书院兴盛的直接动因之一。

宋仁宗爱好学习，崇拜儒家经典。他

首次把《论语》《孟子》《大学》《中庸》合在一起让学生学习，开了"四书"的先河。宋仁宗不仅自己爱好学习，还大力支持书院。

茅山书院又名金山书院，位于江苏句容的茅山，故称茅山书院，由处士侯遗创建于宋仁宗天圣二年（1024年），是北宋六大书院之一。侯氏在此教授生徒十余年，宋仁宗天圣二年（1024年）经江宁知府王随奏请，朝廷赐田充作书院办学经费。

嵩阳书院初建于北魏孝文帝太和八年（484年），名为嵩阳寺，为佛教活动场所，僧徒多达数百人。隋炀帝大业年间（605—618年）更名为嵩阳观，改为道教活动场所。宋仁宗景祐二年（1035年），定名嵩阳书院，以后一直是历代名人讲授儒家经典的教育场所。

宋初，国内太平，文风四起，儒生经五代战乱之后，都喜欢在山林中找个安静的地方聚众讲学。先后在嵩阳书院讲学的有范仲淹、司马光、程颢、程颐、杨时、李纲、范纯仁等人，司马光的《资治通鉴》第9卷至21卷就是在嵩阳书院完成的。号称"二程"的程颢、程颐在嵩阳书院讲学10余年，对学生一团和气，循循善诱，平易近人，讲学有新鲜感，通俗易懂。学生受益匪浅，有如沐春风之感。

嵩阳书院在我国教育发展史上占有

重要的一页，积累了丰厚的教学经验，其特点主要是：1.书院既是教育教学的机关，又是学术研究的机关，实行教育教学与学术研究相结合。2.书院盛行讲会制度，允许不同学派，不同观点进行讲会，开展争辩。3.书院的教学实行门户开放，有教无类，不受地域限制。4.书院以学生个人读书钻研为主，十分注重培养学生的自学能力，并采用问难形式，注意启发学生的思维能力。5.书院内师生关系融洽，感情深厚。书院的名师不仅以渊博的知识教育学生，而且以自己高尚的品德感染学生。

宋仁宗庆历三年（1043年），宋仁宗下旨将应天书院改为南京国子监，成为北宋最高学府之一。早年，范仲淹曾在此读书，后来又曾在此书院任教。该书院曾盛极一时，与白鹿洞书院、岳麓书院、嵩阳书院合称中国四大书院。

宋仁宗在位后期，官僚机构日益膨胀，出现了经济危机。在内忧外患之下，范仲淹上《答手诏条陈十事》，要求改革。

《答手诏条陈十事》内容如下：（一）"明黜陟"，即改变文官三年一迁、武官五年一迁的磨勘法。官员中有大功"高才异行"者，可特加任用。老病愚昧者另作处理。有罪者按情节轻重处分。（二）"抑侥幸"，改变贵族官员子弟"恩荫"作官的旧法，严加限制，以减省冗官。（三）"精贡举"，改变专以诗赋墨义取士的旧制，着重策论和经学。（四）"择官长"，严格选择转运使、提点刑狱及各州县长官。（五）"均公田"，各地官员按等级给以多少不等的"职田"，用来"责其廉节"，防止贪污。（六）"厚农桑"，每年二月，提倡各地开河渠，修筑堤堰陂塘，以利农业生产。（七）"修武备"，京师招

募卫兵五万人, 以捍卫朝廷。(八)"减徭役", 裁并州县建置, 使徭役相对地减少。(九)"覃恩信", 朝廷有赦令, 各地必须执行。(十)"重命令", 各地法令应由朝廷统一。

宋仁宗采纳了范仲淹的建议, 开始改革, 史称"庆历新政"。由于守旧派的反对, 新政只推行了一年, 范仲淹便被降职出朝, 改革流产了。

嘉祐八年(1063年), 宋仁宗病逝, 太子赵曙继位, 是为宋英宗。

三、祖孙三代推行改革

宋英宗

宋仁宗没有儿子，在大臣韩琦、司马光等人的坚持下，宋仁宋立堂兄濮安懿王的儿子赵宗实为太子，改名赵曙。

这时，宋朝的国力已大不如前，整个官僚机构过于臃肿。宋真宗咸平年间（998—1003年），天下冗吏多达十九万五千余人，光薪俸支出就大得惊人。宋初，三班院（供奉官、左殿直、右殿直）只有吏员三百人，宋真宗时已有四千多人，宋仁宗时竟已经过万了。

除支撑一个庞大的官僚机构外，北宋还要供养一支庞大的军队。宋太祖时，禁军人数只有20万不到；宋太宗时，禁军已有35万；宋真宗时，禁军数目达到了43万；宋仁宗时，禁军竟多达83万人了。此外，加上厢兵等其他正规军和后备役，宋仁宗时宋朝已有近130万的兵要靠国家养活。

由于政府税收的五分之四都要做军费支出，宋英宗继位时，宋太祖、宋太宗时金帛山积的国库已经空空如也了。

宋英宗继位第二年，宋朝岁入一亿一千六百一十三万，官费、军费等支出总计一亿二千零三十四万，已经是入不敷出了。

宋英宗虽然多病，但表现出了一个有为之君的风范。宋英宗很勤勉，辅臣奏事时，他总是详细询问事情始末后才裁决，处理政务非常认真。面对积弱积贫的国势，他力图进行一些改革。

有一天，宋英宗问欧阳修说："近日屡有天灾，言事者多称是因为朝廷不能进贤任能所致，这是为何？"欧阳修回答说："近年进贤之路确实太窄了，我也常与韩琦讨论此事。"宋英宗听了十分惊讶，忙问道："此话怎讲？中书经常推荐一些人，不是大都任用了吗？"欧阳修说："自陛下亲政以来，臣和韩琦、富弼有感皇恩，精心挑选内外官员，而陛下也用人不疑，这是过去所不能比的，但所选之人多为擅长钱粮刑名的强干之才，并非文学之士。"宋英宗听罢大悟，决定广泛招揽人才。不久，韩琦、欧阳修等人举荐了20个人，宋英宗下令均予召试。韩琦等人开始还以为选的人太多了，宋英宗说："我既然要你们举荐，为的就是从中选贤，岂能嫌多？"由此可见宋英宗励精图治，奋发有为，对以前旧的选任体制进行大胆的改革，甚至走得比劝他力图改革的欧阳修等人还要远。

为了文治事业，宋英宗十分重视书籍的编写和整理。治平元年（1064年），司马光将撰写的《历年图》进呈宋英宗，宋英宗览后大加赞赏。治平三年（1066年），司马光依据《史记》，并参考其他一些书籍写成《通志》八卷，即后来的《资治通鉴》前八卷。宋英宗对此书予以充分肯定，并鼓励司马光继续写下去，等书成之后再赐新名。

司马光奏请由他自己选聘助手并组织编写历代君臣事迹的书局，宋英宗立即准奏，批示将书局设在崇文院内，特许司马光借调龙图阁、天章阁、昭文馆、史馆、集贤院、秘阁的书籍。不仅如此，宋英宗还提供皇帝专用的笔墨，供给书局人员水果和糕点，并调派宦官前去服务。

宋英宗的批示极大地改善了司马光编写史书的条件，使编写工作一开始就有了坚实的后盾。

司马光为了报答宋英宗的知遇之恩，在此后漫长的19年里，他将全部精力都用在《资治通鉴》这部巨著的编纂上了。

《资治通鉴》得以最后编成，其中也有宋英宗的一份功劳。

宋英宗在位不满四年即病死了，其长子赵顼继位，是为宋神宗。

宋神宗

宋英宗于治平四年（1067年）正月病死，年仅36岁。

宋神宗继位后，向主管财政的三司使韩绛问起"国用"，才知道国库中什么都没有了，只剩下一些账本了。

宋神宗自幼好学，经常忘记了吃饭。当太子时，他就喜欢读《韩非子》，对法家富国强兵之术深感兴趣；还读过王安石的《上仁宗皇帝言事书》，对王安石的理财治国思想非常赞赏。

宋神宗求治心切，经常向大臣征询改革的意见。他立志做唐太宗那样大有作为的明君，改变国家面临的危机。

于是，王安石登上了历史舞台。

王安石是临川人（今江西抚州），好读书，善著文，是个大学问家。唐宋八大家之一曾巩读了他的文章后十分佩服，拿给大文学家欧阳修看，欧阳修为之延誉，王安石被擢为进士及第。

宋神宗第一次召见王安石时问他治国应当先做什么，王安石回答道："应当先选择正确的策略。"宋神宗又问："唐太宗何如？"王安石说："陛下当以尧舜为榜样，为什么拿唐太宗做样子呢？尧舜之道简明而不烦琐，是很容易做到的。但末世学者不知其中道理，认为高不可攀。"宋神宗觉得这种议论使人耳目一新，十分高兴。

为了及时有效地制定和推行新法，宋神宗设置了制置三司条例司，由王安石主持。宋神宗听从王安石的推荐，起用了吕惠卿、章敦、蔡确、曾布、吕嘉问、沈括、薛向等一批新人。这些人都有实际才干，对于协助王安石拟定和贯彻新法起了积极的作用。在变法过程中，宋神宗以君权的力量保证了一系列新法的推行。

熙宁二年（1069年），新法逐渐出台，但马上遭到朝廷内外一批守旧势力的攻击。在一片反对声中，宋神宗虽曾一度犹豫，但终不为所动。在王安石与守旧势力的斗争中，宋神宗支持王安石，先后罢免一批反对变法的官员。熙宁三年（1070年），宋神宗提升王安石为同中书门下平章事。

王安石做了宰相，有了更大的权力，于是，农田、水利、青苗、均输、保甲、免役、市易、保马、方田等新法先后颁行，变法进入了高潮。

在富国强兵的同时，王安石还着手对教育、科举进行改革，目的是培育和选拔变法所需要的人才，为政治改革服务。经过两年的准备，王安石破除阻力，实行了新的科举法，整顿了京师及州县学校。宋朝大批文武官员都来自科举。科举以进士科为主，要考诗赋，以声韵对偶定优劣，完全着眼于文字形式。明经考试如出题写某经的上句，要考生答写下句；或出经书一句，让考生答写这句的注疏。王安石改变了这种科举法，废除诗赋、明经各科，专以经义、论策取士。颁布新科举法后，王安石又着手整顿学校，要学校按照王安石的主张行事，把学校变成为变法派造舆论、育人才的场所。王安石对太学规章也做了一些调整，学生名额增至一千人，分外舍、内舍、上舍三级。上舍生成绩优异的，不经省试和殿试便可直接授官。

整顿太学后，王安石又在京师设武学堂、律学堂和医学堂，培养实用人才。

变法派还陆续整顿了州县之学，规定学官由朝廷委派，定期考核。

科举和教育方面的这些改革使王安石的革新思想得到比较广泛的传播，直到北宋末年，王安石的学说仍在太学中有相当大的影响。

变法虽然取得了初步胜利，但守旧势力的攻击并没有停止，特别是随着变法的逐步深入，触及了大地主、大商人的利益，守旧势力的进攻更加猛烈了。熙宁七年（1074年）春，久旱无雨，朝内外守旧势力以"天变"为借口，又一次掀起对变法的围攻。这一次围攻得到了宋仁宗曹皇后、宋英宗高皇后和宋神宗向皇后的支持。四月，宋神宗在宋仁宗曹皇后、宋英宗高皇后向他哭诉"安石乱天下"的情况下，只得忍痛罢了王安石的宰相之职，使变法遭到了挫折。宋神宗即位不久，对后党的势力不能不心存顾忌。

熙宁八年（1075年）二月，宋神宗再度起用王安石，继续推行新法。不料，熙宁九年（1076年）天上出现了彗星，守旧派又以"天变"为由对变法提出非议，考虑到宋神宗的处境，王安石不得不申请罢相，出判江宁府。

王安石两次罢相，都是宋神宗向守旧势力妥协的结果。宋神宗本希望通过变法富国强兵，但他既怕得罪两宫太后，又怕出乱子。当朝议汹汹，变法碰到阻力时，他只得牺牲王安石。

但是，自从王安石罢相后，为了富国强兵，宋神宗仍在一个人支撑着新法，新法大部分仍在推行，直到他去世为止。他牺牲的只是王安石一个人，这也是不得已而为之。

到宋神宗时，除方田法罢废及部分新法条文被稍作调整外，新法基本上得以贯彻执行。后来，宋神宗觉得愧对王安石，便对他多加关照，如熙宁十年（1077年），以王安石为集禧观使；元丰元年（1078年）以王安石为尚书左仆射、舒国公、集禧观使；元丰三年（1080年），封王安石为荆国公。

宋神宗不仅是一位有作为的皇帝，而且还是一位才子。

有一天，北宋大文豪苏东坡到大相国寺探望好友佛印禅师，不巧，佛印外出，住持和尚就请苏东坡在禅房休息，并端上了香茗款待。

苏东坡偶一抬头，见粉墙上题有佛印的一首诗："酒色财气四堵墙，人人都在里边藏。谁能跳出圈外头，不活百岁寿也长。"

苏东坡见诗写得颇有哲理，

但觉得酒色财气是凡人躲不开的事，何不因势利导，化害为利呢？于是，他在佛印题诗右侧也题上一首："饮酒不醉是英豪，恋色不迷最为高；不义之财不可取，有气不生气自消。"

翌日，宋神宗在王安石的陪同下来到大相国寺。宋神宗看了佛印与东坡的题诗，觉得饶有风趣，便对王安石说："爱卿，何不和诗一首？"王安石略一沉吟，即挥笔在佛印题诗左侧也题诗一首："世上无酒不成礼，人间无色路人稀；民为财富才发奋，国有朝气方生机。"

宋神宗见了王安石的诗，深为赞赏，乘兴也和诗一首："酒助礼乐社稷康，色育生灵重纲常；财足粮丰家国盛，气凝太极定阴阳。"

元丰八年（1085年），宋神宗病死，赵煦继位，是为宋哲宗，次年改元"元祐"。

宋神宗病死的消息传到江宁，王安石

大恸，并赋诗哀悼。

王安石在宋神宗身边执政变法时，对衣食都不留意。一天，有人来送信，竟误认王安石为家仆。左右的人说："这就是舍人。"送信人走出后，连声夸赞："好舍人，好舍人！"王安石的妻子给他买了个小妾，王安石急令送回。他把一门心思都用在变法上了。晚年，王安石闲居金陵钟山，只有几间简陋的小房。出行时，王安石只骑一头小驴，有人劝他坐轿，他说："我不能用人当牲口。"

宋神宗去世的第二年，王安石也去世了。

宋哲宗

宋哲宗赵煦是北宋第七位皇帝，是宋神宗的第六子，曾被封为延安郡王，镇守宋朝西北边境，宋神宗病危时立他为太子。

宋哲宗登基时只有10岁，由宋英宗的高后执政，称太皇太后，处理军国大事。

高太皇太后执政后，任用司马光为宰相。保守派再度掌握政权，在高太皇太后的支持下立即对变法派展开攻击。司马光一上台，就把宋神宗时的新法全部废止了。有人说宋神宗刚死，不宜骤改，司马光说："王安石、吕惠卿所建新法为天下大害，并非先帝本意，改之当如救火拯溺，不急不行。何况太皇太后在上，以母改子，有何不可？"

在宋神宗之母即太皇太后高氏的支持下，在一年左右的时间里，将王安石所实行的各项新法全部废止了。

在对西夏的政策上，司马光也完全改变王安石的抵抗主张。西夏主在宋哲宗继位后，派使臣索要兰州、米脂等五寨，司马光一口答应，并指责不赞成的大臣会造成兵连不解的后患。

司马光甚至主动提出要把西河一带也一并送给西夏，由于遭到强烈反对，未能实行。

司马光刚一执政，就要起用程颢，但程颢恰在这时病死了，于是破格起用其弟程颐为西京国子监教授，又擢为崇政殿说书，为宋哲宗讲授儒学。

元祐二年（1087年）正月，高太皇太后又降诏：科举考试只许用古今诸儒之说，不准引用申（不害）韩（非）之说。

司马光奏请召老臣文彦博还朝。这时，文彦博已81岁，由儿子扶着上殿，特授太师、平章军国事。

司马光将变法派的官员全部赶出朝廷，以司马光为首的保守派在高太皇太后的支持下掌握了全部军政大权。不久，保守派官员结为朋党，相互攻击，陷入一片混斗之中。

宋哲宗自幼聪慧，8岁便能背诵《论语》，字也写得很好，颇得宋神宗的宠爱。

宋哲宗继位后，辽朝派使者来参加宋神宗的吊唁活动。宰相蔡确见两国服饰不同，怕年幼的宋哲宗害怕，便反复给他讲契丹人的衣着和礼仪。宋哲宗正色问道："辽朝使者是人吗？"蔡确说："当然是人了，但他们是夷狄之人。"宋哲宗说："既然是人，怕他做甚？"蔡确一听这话，吃了一惊，诚惶诚恐地退下去了。

宋哲宗常使用一张旧桌子，高太皇太后令人换掉，而宋哲宗又派人搬了回来。高太皇太后问这是为什么，宋哲宗回答说："这是爹爹用过的。"高太皇太后见他不忘宋神宗，知道他将来必定会对司马光和她的措施不满，心中十分担忧。

高太皇太后执政共九年，于元祐八年（1093年）九月病死。

宋哲宗一亲政，就对保守派展开了

斗争。

次年，宋哲宗改年号为绍圣，表示要继承父亲的遗志，将变法进行到底。

宋哲宗亲政后，追贬已死的司马光，并贬吕大防、刘挚、苏辙、梁焘、范纯仁等旧党于岭南（今广西一带），重用革新派如章惇、曾布等人，恢复王安石变法中的保甲法、免役法、青苗法，减轻农民的负担，使国势有了起色。

变法派在宋哲宗支持下再度掌握政权，对保守派展开反击，逐步恢复新法。

宋哲宗下令停止与西夏谈判，多次出兵讨伐西夏，迫使西夏向宋朝乞和。

元符三年（1100年）一月，宋哲宗不幸病逝于汴京（今河南开封）。

宋哲宗在位15年，享年25岁，掌政不到10年。

宋哲宗是北宋有作为的皇帝，只可惜享年不永，英年早逝，未能将新法进行到底。

四、亡国的父与子

　　宋哲宗病逝后，因无子继位，帝位落在弟弟赵佶和赵似之中的一个人身上。太后倾向于赵佶，宰相章惇提出异议说："赵佶为人轻佻，不适于做皇帝。"但最后还是太后说了算，于是赵佶做了皇帝，史称宋徽宗。宋徽宗是宋神宗第十一子，自幼喜欢书画，兴趣广泛。

　　宋徽宗登基后，心想：自己这个皇位是因为哥哥无子才轮到我头上的。若自己也无子,岂不又要传给别人了。

这时,茅山道士向他献计说:"京城东北角太低,有碍龙脉。若将其垫高,当有多子之福。"宋徽宗一听,立即决定在京城东北角造一座假山,取名艮岳。为此,宋徽宗专门成立了办事机构应奉局,负责派人到江南去运奇石。听说皇帝要造假山,各州府官员唯恐失去效忠的机会,竞相搜罗奇花异草和奇石。奇花异草和奇石装船北运,十船编一纲,即一组,称之为"花石纲"。古运河上,衣不蔽体、面黄肌瘦的农民不知累死了多少人。终于,垒石成山,疏泉为湖,楼台殿阁拔地而起,点缀着奇花异草。历时六年,艮岳出现了。艮岳方圆十多里,主峰高达三十多丈。修建艮岳,劳民伤财,北宋到了崩溃的边缘。

宋徽宗重用奸相蔡京,其集团多是腐朽的官僚。宦官童贯在蔡京支持下掌握军权,和蔡京并列相位。二人贪污

成性，家中金宝堆积如山，私家所藏竟多于国库。蔡童集团掌握军政大权，实行黑暗统治。民间流传歌谣说："打破筒（童），泼了菜（蔡），便是人间好世界。"歌谣反映出百姓对统治集团的深仇大恨。不甘忍受黑暗统治的农民纷纷揭竿而起，要打破黑暗统治，创造自己的好世界。于是，爆发了宋江、方腊起义。后来，起义虽然被镇压了，但宋朝已是危机四伏了。

宋徽宗政和五年（1115年），女真首领金太祖阿骨打建立金国后，随即向辽国进攻。灭辽后，金兵于宋徽宗宣和七年（1125年）十月分两路大规模南侵：一路由完颜宗翰（粘罕）率领进取太原，一路由完颜宗望（斡离不）率领进取燕京，两路金兵计划在宋朝的国都汴京会合。

宗翰向太原进军，童贯慌忙

金太祖 完颜阿骨打

从太原逃回汴京，金兵直抵太原城下。

宗望大军到了燕京，守将郭药师投降。金兵以郭药师为向导，长驱南下，势如破竹，一直向汴京进军。这支金军距汴京只有十天路程，情势十分紧迫。宋徽宗想弃国南逃，给事中吴敏竭力反对逃跑，主张任用有威望的官员固守京城。

吴敏举荐太常少卿李纲，说他有能力破敌。李纲上"御戎"五策，说"非传位太子，不足以招徕天下豪杰"，要宋徽宗宣布退位，以收将士之心。

金兵越来越逼近京城了，宋徽宗吓得昏了过去，跌倒在床前，群臣赶忙灌药急救。宋徽宗苏醒后，提笔写道："皇太子可即皇帝位，予以教主道君退处龙德宫。"

12月，太子赵桓继位，史称宋钦宗，改年号为靖康。宋徽宗退位后，自号教主道君皇帝，人称太上皇。

宋钦宗继位后，立刻贬谪蔡京、童贯等人，重用李纲抗金。李纲智勇双全，组织军民英勇杀敌，打退了金兵，保住了汴京。

宋钦宗为人懦弱无能，优柔寡断。后来，他竟听从奸臣谗言，罢免李纲，向金人求和。金兵趁此机会于靖康二年（1127年）南下，渡过黄河，攻破汴京，北宋灭亡了。

这年三月底，金主将徽、钦二帝连同后妃、宗室、宫女、百官数千人，以及教坊乐工、技艺工匠、法驾、仪仗、冠服、礼器、珍宝、天文仪器、皇家藏书、天下州府地图等押送北方，汴京被掳掠一空。宋徽宗在被押送的途中受尽了凌辱，爱妃王婉容等被金将强行索去。

到金国上京（今黑龙江省阿城区）后，宋徽宗和宋钦宗被命令穿着丧服去谒见金太祖完颜阿骨打的庙宇，这是金主向祖先献俘。尔后，宋徽宗被金主封为昏德公，宋钦宗被封为重昏侯，关押于韩州（今辽宁省昌图县），后又被迁到五国城（今黑龙江省依兰县）囚禁。

囚禁期间，宋徽宗受尽精神折磨，写

了许多诗，如"彻夜西风撼破扉，萧条孤馆一灯微。家山回首三千里，目断山南无雁飞"。

因为受不了金人的折磨，一天宋徽宗将衣服剪成条，结成绳悬梁自尽时，被宋钦宗发现抱了下来。父子俩抱头痛哭，深悔当初听了奸臣之言，罢免了李纲。

这时，宋徽宗已病得很重，不久便死在土炕上了。宋钦宗发现时，尸体已经僵硬了。

金人将宋徽宗的尸体架到一个石坑上焚烧，烧到半焦烂时用水将火浇灭，再将尸体扔到坑中，这样做可以用坑里的人油做灯油。

宋钦宗悲伤至极，也要跳入坑中，但被金人拉住了。金人说活人跳入坑中后，坑中的人油就不能做灯油用了。

宋徽宗死时54岁，已被囚禁九年。金熙宗将他的遗骸葬于河南广宁（今河南省洛阳市附近）。

宋高宗建炎十二年（1142年）八月，根据宋金协议，宋徽宗的遗骸被运回临安（今浙江省杭州市），由宋高宗葬于永祐陵。

宋钦宗被关押了三十一年，金人将他押解到北京，和辽国最后一位被俘皇帝耶律延禧关在一起。他俩的任务是每当金国皇帝打马球时，马球打出场外，他们负责捡回来。这是奴隶干的活，宋钦宗和耶律延禧一个50多岁，一个80多岁，却要忍受这样的羞辱。

建炎二十六年（1156年）六月，金主完颜亮出赛马球，耶律延禧趁人不备，抢得一匹打马球用的好马夺路而逃，完颜亮令追兵用乱箭将其射死。混乱中，宋钦宗被追兵的奔马踩死。

宋徽宗执政27年，在政治上昏庸无能，但在绘画上却有很高的造诣，尤其在花鸟画方面有很高的成就，开创了中国花鸟画创作的新时代。

宋徽宗继位前与王诜、赵令穰等书画艺术家交往甚密,他的花鸟、人物、山水画笔墨精妙,造型生动,神形兼备,描绘工细入微,设色匀净,富丽典雅。

宋徽宗除绘画外,还擅长书法。他的字挺健秀丽,称瘦金体,在书法史上独树一帜。

宋徽宗重视对文物、书画、奇石的收藏、鉴赏和整理,继位后大力搜罗历代书画,由专人鉴定其真伪优劣,亲自加以品评。在整理鉴定书画的基础上编出《宣和画谱》和《宣和书谱》,同时还将御府收藏的古铜器编成《宣和博古图》,为后代留下了珍贵的研究资料,至今仍有极其重要的参考价值。

宋徽宗酷爱艺术,在位时将画家的地位提到中国历史上的最高位置。他成立了翰林书画院,即当时的宫廷画院。他决定以作画作为科举升官的一种考试方

法，每年以诗词作题目让参加考试的画工作画。如诗句"山中藏古寺"，许多人画的是深山寺院的飞檐，但得到第一名的人没有画任何建筑，只画一个和尚在山溪挑水。又如诗句"踏花归去马蹄香"，得第一名的没有画任何花卉，只画了一人骑马，有蝴蝶飞绕马蹄间。这些都极大地刺激了中国画意境的发展。

宋徽宗尊儒崇道，在文治方面也作出了贡献。

一天，宋徽宗到国子监，给祭祀孔子的大殿定名"大成殿"，并且亲自题写大成殿匾额。

曲阜孔庙重修大成殿时，宋徽宗规定孔子塑像头戴十二旒王冕，手执镇圭，把孔子抬高到帝王的地位。

孔子后裔在宋仁宗时被封为衍圣公，宋哲宗时改封奉圣公，却无官职。宋徽宗恢复封衍圣公的制度，世代袭封为官，宋以后历代相沿不改。

宋朝以前，孟子不单独受祭。宋仁宗时，孔子后裔孔道辅出知兖州，在邹县东北建立孟庙，祭祀孟子。宋徽宗时，由朝廷赐钱三百万重修孟庙，并设举事官一员管理孟庙和孟林，全仿孔庙制度。宋徽宗宣和四年（1122年），又出钱二百万在邹县南门外新建孟庙。孟庙规模仅次于孔庙，孟子的地位也被提高到仅次于孔子了。

宋徽宗崇奉道教，多次下诏搜求道书，设立经局，整理校勘道籍。政和年间编成的《政和万寿道藏》是我国第一部《道藏》，对研究道教历史和经典都是不可多得的宝贵史料。他下令编写的"道史"和"仙史"，也是我国历史上规模最大的道教史和道教人物传记。

宋徽宗还亲著《御注道德经》《御注冲虚至德真经》和《南华真经逍遥游指归》等书，使我国道教研究有了完备的资料。

五、屈辱苟安的宋高宗

南宋开国皇帝赵构是北宋皇帝宋徽宗的第九子，是宋钦宗之弟，曾被封为康王。

靖康元年（1126年），金兵大举南侵时，赵构奉宋钦宗之命出使金国求和。途经磁州（今河北省磁县）时，州官宗泽劝阻他说："金国要你去议和，这是骗人的把戏。他们已经兵临城下，求和还有什么用？你此去岂不是自投罗网！"百姓也拦住他的马，不让他北去。赵构害怕被金国扣留，便驻留相州（今河南省安阳县），自称河北兵马大元帅。

靖康二年（1127年），金兵攻陷汴京，北宋灭亡了。金兵大掠之后，押着俘虏，运着财宝北去。

这时，赵构在北宋遗臣的拥戴下于南京应天府（今河南省商丘县南）继位，史称宋高宗，改年号为建炎。

宋高宗在位初期，起用抗战派李纲为相，以宗泽为汴京留守，发动军民抗金。

金兵闻讯后，为了彻底消灭宋朝，又挥军南下。

宋高宗在金兵追击下仓皇南逃。一天，他在黄河北岸被金兵追上了，多亏忠臣之子李马舍生忘死地背着他逃到船上，过了黄河，才幸免于难。

不久，在女真骑兵的凌厉

攻势下,他吓破了胆,便罢免了李纲,起用投降派黄潜善、汪伯彦,一味求和,把宋军防线由黄河一线南移至淮、汉、长江一线。

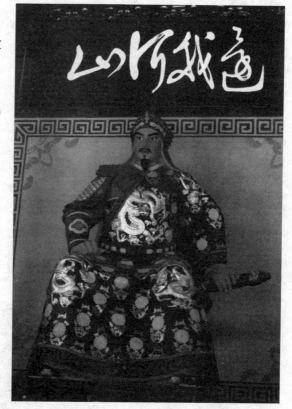

这样,抗战形势逆转,金兵分兵三路轻易渡过黄河,在不到三个月之内即占领了西自秦州、东至青州一线的广大地区。

从建炎元年(1127年)到绍兴八年(1138年)的十余年间,宋高宗一直辗转在东南沿海各地躲避金军。

后来,岳飞、韩世忠大败金兵,金兵这才同意议和,但条件是必须杀了抗金名将岳飞。

绍兴十一年(1141年)十二月二十九

日（公历已是1142年），在奸相秦桧的策划下，将克扣粮饷和谋反的罪名强加给岳飞，将其杀害。然后以割地、纳贡、称臣的屈辱条件，与金朝订立了和约，史称"绍兴和议"。

"绍兴和议"结束了长达十年的战争状态，宋辽双方之间开始了长达二十年的和平。

这样，宋高宗借军民抗战的鲜血换来了和平，总算在杭州安顿下来。

在这二十年间，由于北方百姓躲避金兵，大量南逃，将先进的生产技术带到了南方，使南方的农业和手工业得到了长足的发展。

绍兴三十一年（1161年）九月，金废帝完颜亮撕毁和议，再次大举南侵。金兵在采石矶（今安徽省马鞍山市西南）为虞允文指挥的宋军击败，使南宋转危为安。

在宋军大捷的有利形势下，宋高宗

仍屈辱求安，因而遭到了军民的强烈反对，他的统治再也难以继续维持下去了。

绍兴三十二年（1162年），宋高宗以年老厌政和颐神养志为借口宣布退位，禅位于太子赵昚，自称太上皇。

赵构虽然在政治上昏庸无能，但精于书法，善写真书、行书、草书，笔法洒脱婉丽，自然流畅，颇得晋人神韵。其书法左右了南宋书坛，后人多效法其笔迹。在他的影响下，朝廷上下人人学习书法，蔚然成风。一时间，以高宗为中心，南宋几乎掀起了一个学书高潮。陆游曾赞扬说："思陵（宋高宗）妙悟八法，留神古雅，访求法书名画不遗余力。清闲之燕，展玩摹拓不少怠。"

宋高宗著有《翰墨志》一卷，影响了南宋书法的发展，为中国书法作出了贡献。

淳熙十四年（1187年）十月，宋高宗病死于临安宫中的德寿殿。

六、出师未捷和不孝之子

出师未捷的宋孝宗

宋孝宗赵昚是南宋第二位皇帝，是宋太祖七世孙，宋太祖次子赵德芳的六世孙。因为宋高宗唯一的儿子夭折了，所以只好从宗族中选择继承人，于是赵昚成了宋高宗的养子。

宋孝宗登基后，定年号为"隆兴"，立志光复中原，恢复岳飞谥号"武穆"，追封岳飞为鄂国公，剥夺秦桧的官爵，并且命令老将张浚率军北伐。

不料，张浚出师不利，在符离遭遇金军阻击，大败而归。

金军乘胜追击，南宋军队损失惨重。宋孝宗被迫于隆兴二年（1164年）和金国签订了"隆兴和议"。

议和后，没有战事的干扰，宋孝宗专心理政，整顿吏治，一改宋高宗朝贪污腐化的局面。

宋孝宗发展生产，兴修水利，百姓富裕，五谷丰登，太平安乐。

宋孝宗是一位比较有作为的皇帝，凡事能够以身作则。他生活节俭，不肯用乐。他常穿旧衣服，不大兴土木。平时也很少赏赐大臣，宫中的收入多年没有动用，以至于内库穿钱的绳索都腐烂了。

他经常告诉身边的士大夫："士大夫是风俗的表率，应该修养自己的品德，以教化风俗。"

宋孝宗不但节俭，而且尊佛崇道，除奸邪，褒忠良，昭雪冤案，励精图治。

由于宋孝宗以身作则，治国有方，南宋出现"乾淳之治"的小康局面。

国家富了，宋孝宗又开始在各地修筑城防，做北伐的准备。

乾道三年（1167年），宋孝宗令殿前指挥使王琪到淮上视察两淮城防，修筑扬州城。朝中妥协派官员纷纷反对，说是怕金人知道，引起怀疑。宋孝宗慨叹道："这些儒生的议论真是不识时务！不用管它！"

此后几年间，宋孝宗陆续在庐州、和州、楚州和襄阳府积极备战。

虞允文建议加强民间抗金武

装，由官员统领教练，一旦发生战事，分派他们守关。

淳熙元年（1174年）二月，虞允文在四川病死。国家栋梁摧折，宋孝宗见北伐无望，顿感心灰意冷了。

淳熙后期，宋孝宗深感力不从心，开始厌倦烦琐的政事，打算让位于太子，但碍于太上皇宋高宗还健在，一时无法施行。

淳熙十四年（1187年）十月，宋高宗病逝，宋孝宗决定服丧三年，以守孝为名退位。

淳熙十六年（1189年）二月，宋孝宗正式传位于太子赵惇，是为宋光宗，自己退居重华宫，做了太上皇。

宋孝宗在位期间，书院教育蓬蓬勃勃地发展起来。

北宋末年，岳麓书院惨遭战火洗劫。宋孝宗乾道元年（1165年），湖南安抚使刘珙重建岳麓书院，聘著名理学家张栻主教，加强了岳麓书院在南宋教育和学术上的地位。

张栻主教期间，以反对科举利禄之学、培养传道济民的人才为办学的指导思想，培养出一大批经世之才。

乾道三年（1167年），朱熹来访，与张栻论学，举行了历史上有名的"朱张会讲"，前来听讲者络绎不绝。

这次会讲推动了宋代理学和中国古代哲学的发展，是中国古代文化史上的一件盛事。"朱张会讲"之后，岳麓书院名声远播。

朱熹出身在徽州婺源的一个官吏家庭，父亲朱松做过县尉。宋高宗绍兴十八年（1148年），19岁的朱熹考中进士，做过泉州同安主簿。任满后，向程颐的再传弟子李侗学习程学。

白鹿洞书院位于江西九江庐山五老峰南麓的后屏山之阳，依山而建。五代南唐升元年间（937—942年），白鹿洞正式辟为书馆，称白鹿洞学馆，也称庐山国学。宋仁宗时改称"白鹿洞之书堂"，与当时的岳麓书院、应天府书院、嵩阳书院并为"四大书院"，被誉为我国四大书院之首。

宋孝宗淳熙六年（1179年），朱熹出任南康太守（治所在今九江星子县）。他亲至书院废址踏勘考察，经他竭力倡导，又重建了白鹿洞书院。

朱熹在南康任上三年，为恢复白鹿洞书院殚精竭虑，不遗余力。他曾亲订洞规，置田建屋，延请名师，充实图书，亲临讲课。

宋孝宗淳熙八年（1181年），著名哲学家陆象山到白鹿洞书院讲学。朱熹、陆象山的"白鹿洞之会"，使书院闻名天下。

白鹿洞书院的学规由朱熹制订，反映出儒家的教育思想。正文如下：

"父子有亲。君臣有义。夫妇有别。长幼有序。朋友有信。右五教之目。尧、舜使契为司徒，敬敷五教，即此是也。学者学此而已。而其所以学之之序，亦有五焉，其别如左：博学之。审问之。慎思之。明辨之。笃行之。右为学之序。学、问、思、辨四者，所以穷理也。若夫笃行之事，则自修身以至于处事接物，亦各有要，其别如左：言忠信。行笃敬。惩忿窒欲。迁善改过。右修身之要。正其义不谋其利。明其道不计其功。右处事之要。己所不欲，勿施于人。行有不得，反求诸己。右接物之要。熹窃观古昔圣贤所以教人为学之意，莫非使之讲明义理，以修其身，然后推以及人。非徒欲其务记览，

为词章，以钓声名，取利禄而已也。今人之为学者，则既反是矣。然圣贤所以教人之法，具存于经。有志之士，固当熟读、深思而问、辨之。苟知其理之当然，而责其身以必然，则夫规矩禁防之具，岂待他人设之，而后有所持循哉？近世于学有规，其待学者为已浅矣。而其为法，又未必古人之意也。故今不复以施于此堂，而特取凡圣贤所以教人为学之大端，条列如右，而揭之楣间。诸君其相与讲明遵守，而责之于身焉。则夫思虑云为之际，其所以戒谨而恐惧者，必有严于彼者矣。

其有不然，而或出于此言之所弃，则彼所谓规者，必将取之，固不得而略也。诸君其亦念之哉！白鹿洞书院。"

白鹿洞书院为国家培养了大批人才，

为文治推波助澜，为社会做出了巨大贡献。

不孝之子

宋光宗是南宋第三位皇帝，宋孝宗的第三个儿子，在位5年，享年54岁。

宋光宗长期生活于深宫，不达世务。继位时43岁，已是满头白发了。有个大臣献上何首乌，说服用后能使头发转黑，但他不肯服用，说："我头发已白，可叫天下人知道我是老成的。"

宋光宗是宋朝所有皇帝中比较昏庸的一位。他登基后，体弱多病，又无有安邦治国之才。

宋光宗听取奸臣谗言，罢免了辛弃疾等主战派大臣，安于现状，不思进取。

宋光宗懒于上朝，由挑拨是

非、心狠手辣的李皇后执政。

宋孝宗整日沉湎于酒色之中，奸佞当道，朝政日非。

一天，宋孝宗最宠爱的黄贵妃病了。她面黄肌瘦，不思饮食。御医用了许多贵重药品，仍不见什么效果。

宋光宗见爱妃日见憔悴，也整日愁眉不展。万般无奈，最后只好张榜求医。

一位江湖郎中揭榜进宫，为黄贵妃诊脉后说："只要用冰糖与红果（即山楂）煎熬，每顿饭前吃五至十枚，不出半月即可病愈。"

大家听了这话，将信将疑。不料，黄贵妃按医嘱服用后，到期果然病愈了。

后来，这个药方传到民间，老百姓把红果串起来卖，就成了冰糖葫芦。原来，山楂能够消食积，散淤血，驱虫止痢，特别助消化。黄贵妃因吃山珍海味过多积了食，全靠山楂解除了病痛。明代杰出的医药学家李时珍曾经说过："煮老鸡硬肉，入山楂数颗即易烂。"

宋光宗对爱妃备加关心，而对父亲宋孝宗却不闻不问，不管不顾。

宋孝宗逊位后，宋光宗长期不去探望。绍熙五年（1194年），宋孝宗患病，宋光宗既不请医看病，也不去探病，甚至宋孝宗病逝后他也不肯服丧。为此，大臣韩侂胄和赵汝愚经太皇太后批准，逼迫宋光宗退位。

宋光宗迫于太皇太后的压力，只好让位于太子赵扩，自己闲居临安寿康宫，自称太上皇。

赵扩主持完宋孝宗的葬礼后，登基做了皇帝，是为宋宁宗。

出师未捷的宋宁宗

宋宁宗赵扩是南宋第四位皇帝，生于宋孝示乾道四年（1168年）。作为宋光宗唯一的儿子，宋宁宗自幼受到良好的教育。宋光宗继位后，封他为嘉王，让他到宫外府第居住。宋光宗不仅将自己在东宫时收藏的图书全部赐给他，还亲自选中黄裳、陈傅良、彭龟年等一批名儒担任他的老师。在名师的教导下，他学习非常勤奋。

宋宁宗继位后，每天上朝时，无论群臣进奏时间多么长，他都和颜悦色，耐心听取，没有一点儿厌倦的样子。

宋宁宗对台谏官的意见十分重视。宋代的台谏官有纠正帝王疏失、弹劾百官的权力，他们的议论在一定程度上代表了当时的公众舆论。

宋宁宗严格遵循祖宗之法，曾对人说："台谏者，公论自出，心尝畏之。"

宋宁宗宅心仁厚，对民间疾苦颇为关心。继位前，他护送宋高宗灵柩去山阴下葬，路上见农民在田间艰难稼穑，感慨地对左右说："平常在深宫之内，怎能知道劳作的艰苦！"

宋宁宗继位后，几乎每年都颁布免赋税的诏书。

在日常生活上，宋宁宗力行节俭。他平时穿戴朴素，饮食器皿也不奢华，使用的酒器都是以锡代银。

有一年元宵夜，一个宦官见宋宁宗独自端坐在清冷的烛光下，便问："上元之夜，官家为什么不大摆筵席庆祝一下？"宋宁宗愀然答道："你知道什么！外间百姓没有饭吃，朕怎么能有心思饮酒呢？"

宋宁宗在位期间，不近酒色，不事游猎，不事奢靡，不殖货利，不行暴虐，深得民心。

韩侂胄是宋高宗吴皇后的外甥，又是宋宁宗韩皇后的叔父，因拥立新君有功，不久便出任宰相。他雄心勃勃，反对苟且偷安，决心北伐，驱逐金人，统一中国。

宋孝宗初年，追复岳飞原官。宋孝

宗淳熙六年（1179年），为岳飞加谥号武穆。

宋宁宗嘉泰四年（1204年），宋宁宗、韩侂胄追封岳飞为鄂王，给予政治上的极高地位，以支持抗战派将士。

秦桧死后，宋高宗加封他为申王，赐谥号为忠献。宋孝宗时，揭露秦桧的奸恶，但还没有改变爵谥。

宋宁宗开禧二年（1206年），宋宁宗、韩侂胄削去秦桧的王爵，并把谥号改为缪丑，即荒谬丑恶之意。贬词中说秦桧"一日纵敌，遂贻数世之忧；百年为墟，谁任诸人之责"，一时传诵，人心大快。宋宁宗、韩侂胄对秦桧的贬抑，是对投降派的沉重打击，为北伐做了舆论上的准备。

这时，金朝统治下的北方各族正在陆续发动对金战争，各族人民的反金起义也在各处兴起，金朝统治者陷于内外交困中。

被宋光宗闲置的主战派先锋辛弃疾被宋宁宗、韩侂胄起用，到临安面见宋宁宗时说金国必亡，请朝廷准备出师北伐。早就准备北伐的宋宁宗、韩侂胄听了辛弃疾的谏言，信心更足，便决意发兵了。

不料，韩侂胄部署北伐时，宋军中出了内奸。坐镇四川的大将吴曦里通金国，按兵不动。金军密许吴曦作蜀王，解除了西顾之忧。韩侂胄日夜盼望四川进兵，多次催促，吴曦不理。吴曦叛变使宋军伐金的部署遭到了严重的破坏，北伐失败了。

金兵侵入淮南，韩侂胄并不灰心，决意再度整兵出战。宋宁宗降诏招募新兵，起用辛弃疾为枢密院都承旨，负责指挥军事。这时，68岁的辛弃疾正患病家居。任命下达后，辛弃疾正要走马上任，就在家中病逝了。

为了议和，杨皇后联络奸臣史弥远，遵照金朝的无理要求，传旨将韩侂胄的头砍下来，派使臣王楠送到金国表示谢罪，并且全部接受金国提出的条件，增加岁币。南宋又一次屈膝降金，达成和议。

韩侂胄死后，史弥远出任宰相兼枢密使，独揽了朝中大政，恢复了秦桧的王爵和谥号。

韩侂胄执政十四年，卧薪尝胆，适应朝野抗金的要求，发动北伐战争。他坚决抗金，遭到投降派的杀害，堪称民族英雄。

宋宁宗死于嘉定十七年（1224年），

七、二傀儡

宋理宗

　　宋理宗是赵匡胤之子赵德昭的九世孙。宋宁宗死后，宰相史弥远矫诏废太子赵竑，立他为帝。

　　宋理宗继位前，从郑清之学习程朱道学。继位后，请道学家讲授《尚书》，学习朱熹注释的四书。

　　宋理宗宝庆三年（1227年），召见朱

熹之子朱在，说："朱熹的四书注解，朕读之爱不释手，恨不与先生同时。"

宋理宗下诏特赠朱熹太师，追封信国公，说朱熹著述有补于治道。

朱熹注解的四书由于宋理宗的推崇，取得了学术上的统治地位，成为儒家学子的必读课本。

宋理宗继位后，前十年都是在权相史弥远挟制之下，虽为皇帝，实为傀儡，对政务完全不能过问。

绍定六年（1233年），史弥远病死，宋理宗这才开始亲政。

亲政之初，宋理宗立志中兴，罢黜史党，亲擢重臣，澄清吏治，整顿财政，进行了一系列的改革，史称"端平更化"。

为了励精图治，宋理宗把理学家召到朝廷委以重任，在朝野上下掀起了一股尊崇理学的风气。已故理学大师，如程颢、程颐、朱熹等人都被赐给谥号，请进孔庙供奉。

宋理宗认真研读理学经典，一时间家家诵读理学著作，理学备受推崇。

宋理宗绍定三年（1230年），宋理宗亲自撰写《道统十三赞》，说从伏羲、尧、舜到周公、孔子、颜回、曾参、子思、孟子是一脉相承的道统。

嘉熙元年（1237年），宋理宗下诏，令国子监刊印朱熹的《通鉴纲目》。

淳祐元年（1241年），宋理宗到太学大成殿听讲《大学篇》，并把《道统十三赞》宣示给国子监学生。下诏命令学宫祭周敦颐、程颢、程颐、张载、朱熹五人，从祀孔子。

宋理宗说朱熹精思明辨，使《大学》《论语》《孟子》《中庸》本末洞彻，孔子之道大明于世，从而确立了朱熹道学思想的统治地位。

自从孔子创立儒家学说以

来，儒学经历了三次重大的变化。每当政治经济状况发生变动时，为了适应时代的要求，总会有儒家代表人物出来变革儒学的形态，以求得儒学的持续发展。第一次的代表人物是孟轲，第二次的代表人物是董仲舒，第三次的代表人物就是程颐、朱熹。程朱等人将儒学发展为号称继承孔孟道统的道学，也称理学，在政治思想领域取得了巩固的统治地位，控制了教育、科举，并在社会上广泛传播。宋朝以后，孔孟儒学的影响主要是程朱理学的影响。

在理学的确立和传播上，宋理宗功不可没。

宋朝推行"寒门入仕"的政策，受到全国上下的一致拥护。为了吸收不同阶层的知识分子参政，宋朝对选才用人的科举制度进行了改革，消除了魏晋以来士族门阀对官场的统治地位。两宋科举取士几乎面向社会各个阶层,科举取士的名额不断增加,社会各阶层的人都可以学而优则仕。南宋时期,取士更不受出身门第的限制,只要不是重刑罪犯,即使是工商、杂类、僧道、农民,甚至是杀猪宰牛的屠户,都可以应试做官。南宋的科举登第者多数为平民,如宋理宗宝祐四年(1256年),在登科的601名进士中,平民出身的占了70%。

宋理宗执政后期,朝政不幸落入丁大全、贾似道等奸相之手,宋理宗又成了傀儡,国势急速衰落下去。

宋理宗晚年无所作为,开始喜好女色,三宫六院已经不能满足他的私欲。善于奉迎的内侍董宋臣召来临安名妓唐安安,让她陪伴宋理宗。

唐安安容貌出众,歌舞精彩绝伦。宋理宗一见她,再也舍不得离开,就把她留在宫里,宠幸异常。

唐安安多次受宋理宗赏赐,上到梳妆盒,下到酒具,都是金银制的;帐幔和被褥都是绫罗锦绣做的；至于奇宝珍玩，更是不计其数了。

除唐安安外，宋理宗还经常召一些歌伎舞女进宫取乐。

侍郎牟子才见状，上书劝谏宋理宗，说如此胡作非为岂不败坏了皇帝三十年修身之功。宋理宗看了，有点不好意思，忙嘱咐牟子才不要把奏本给别的大臣看，而他却总是舍不得放这些美人出宫。

景定五年（1264年）十月，宋理宗因酒色过度而得病，特地降诏国内，征求名医进宫，说有能为他治好病的，赏赐良田和金银财帛，并授以高官厚禄，但无人应征。

不久，宋理宗病逝。

宋度宗

宋度宗赵禥是南宋第六位皇帝，是宋太祖十一世孙，宋理宗之弟荣王赵与

芮之子。宋理宗无子，将他收为养子，先
后封为建安王、永嘉王、忠王，立为太
子。

宋理宗对赵禥的教育很严，赵禥7岁
时就入宫内小学读书了。立为皇子后，又
为他专门建造资善堂作为学习的场所，
并亲自为他作了一篇《资善堂记》。宋理
宗遍选大儒做赵禥的老师，对赵禥每天
的日程做了严格的规定：鸡初鸣时入宫
向宋理宗问安，再鸣回宫，三鸣要到议所
参加处理政事，锻炼理政能力。从议所
出来后，去讲堂听各位老师讲经史，
终日手不释卷；傍晚时到宋理宗面
前问安，理宗借此机会考问他当
天所学的内容，答得正确便赐座赐
茶，答得不对时宋理宗就反复为他
剖析；宋理宗讲完后，如果赵禥还不明
白，就会受到斥责，令其明日再学。

宋理宗为赵禥娶了一位聪明机智、
能识大体的妻子，名叫全玖，出身名门世

家，眉清目秀，仪态端庄。其父是一位地方官，死于国事。全玖自幼随父亲游历各地，因此言语伶俐，对时局有清醒的认识。全玖初入宫时，宋理宗安慰她说："令尊为国尽忠而死，每每念及，深感哀痛。"全玖听后，并没有哀悼父亲，而是对宋理宗说："妾父诚然值得追思，可淮上百姓更值得挂念。"宋理宗见全玖才智出众，能识大体，便于景定二年（1261年）十二月将她册封为皇太子妃，让她辅佐赵禥。

景定五年（1264年）十月二十六日，宋理宗去世，赵禥继位，是为宋度宗，尊宋理宗皇后谢氏为太后。

宋度宗继位后，出台了一些新的措施，力求有所作为。他任命马廷鸾、留梦炎为侍读，李伯玉、陈宗礼、范东叟兼侍讲，何基、徐几兼崇政殿说书，随时听这些大臣讲求治国之道。

宋度宗还下诏要求各级臣僚直言奏事，特别要求先朝旧臣赵葵、谢方叔、程元凤、马光祖、李曾伯等指出朝政的弊端，以便改进。

宋理宗崇尚理学，他为赵禥选的老师也多是一些理学名家。受老师影响，宋度宗对理学也十分偏爱。早在做太子时，他在一次前往太学拜谒孔子时，提出增加张栻、吕祖谦为从祀，受到宋理宗的赞赏。

宋度宗继位后，提拔了一些理学名士如江万里、何基等人，录用前代理学名家张九成、朱熹、陆九渊等人的后代为官，理学门徒占据了从中央到地方的很多职位。

虽然宋度宗推崇理学，但理学家提出的"存天理，灭人欲"的信条对他却完全不起作用，他每日沉湎酒色，不能自拔。

宋度宗做太子时就很好色，当上皇帝后更加放纵了。宋制规定：皇帝临幸过的嫔妃，次日早晨要到阁门谢恩，由主管官员记录在案。宋度宗继位之初，一次到阁门谢恩的嫔妃竟有30多人。宋度宗日夜沉湎于酒色之中，连奏折也懒于批复，都交给最宠爱的妃子王秋儿等人处理。

宋度宗整天宴坐后宫，与妃嫔饮酒作乐。

宋度宗为了享乐，封贾似道为太师，将朝政统统委托给他，自己成了傀儡。

贾似道见宋度宗比宋理宗还要昏庸，就更专横跋扈了。他目无天子，稍不如意，就以辞官相要挟。宋度宗唯恐他不辞而别，总是卑躬屈膝地跪拜，流着眼泪挽留他。

宋度宗授贾似道平章军国事，许他三日一朝，后来竟放宽到十日一朝。每次退朝时，宋度宗总要站起来目送他走出大殿，才敢坐下。

宋度宗在西湖葛岭为贾似道建筑了精美的住宅，视他为朝廷的擎天柱。

贾似道胡作非为，根本不把朝政当

回事。

忽必烈为了灭掉南宋，派兵南侵，于宋度宗咸淳四年（1268年）包围襄阳，次年又围攻樊城。贾似道知情不报，也不派兵增援。襄樊被围攻三年，形势十分危急。后来，宋度宗知道此事后，追问贾似道。贾似道仍然隐瞒真相，竟说："我军大捷，北兵已经退去，这是谁造的谣？"宋度宗说是一个宫女告诉他的，贾似道便将那个宫女杀了。从此，再也无人敢向宋度宗讲实情了。宋度宗对贾似道的话深信不疑。

咸淳九年（1273年）正月，樊城被元军攻破。同年二月，襄阳守将吕文焕在粮尽援绝的情况下献城投降。消息传来，宋度宗当即昏倒在地，被群臣救起。贾似道佯装率军出征，胆小无能的宋度宗离不开"靠山"，死死留住贾似道，不让他出征。

宋度宗借酒浇愁，越喝越多，生活搞

得一塌糊涂。

咸淳十年（1274年）七月，宋度宗因酒色过度，死于临安宫中的福宁殿。

宋度宗儿时聪敏，常能一语破的，深受宋理宗喜爱。不料，他长大后却十分昏庸。

宋度宗在位10年，将军国大权交给贾似道，政治腐败黑暗，人民陷入痛苦的深渊。

宋度宗可谓遇人不淑，将国家前途断送在奸臣手里了。

八、三幼主

宋恭帝

宋恭帝是南宋第七位皇帝，1274年8月12日至1276年2月4日在位。

宋度宗于咸淳十年（1274年）七月去世，留下三个未成年的儿子：杨淑妃所生的赵昰7岁，全皇后所生的宋恭帝4岁，俞修容所生赵昺3岁。

宋度宗死后，谢太后召集群臣商议

立谁为帝，众人都说杨淑妃所生赵昰年长当立，但贾似道和谢太后都主张立嫡子，于是宋恭帝被立为帝。

宋恭帝此时年纪尚幼，因此由谢太后垂帘听政，但朝廷实权实际上仍掌握在宰相贾似道手中。

在宋理宗和宋度宗统治时期，宋朝的灭亡已不可逆转，宋恭帝继位不满二年，蒙古大军就兵临城下了。

蒙古大军攻取南下最重要通道襄樊城的控制权之后，渡过长江向南宋都城临安（今杭州市）进发。鄂州陷落后，长江防线洞开，南宋朝野大惊，各界都把希望寄托在贾似道身上，呼吁他亲征。贾似道不得已，在临安设都督府，准备出征。宋恭帝德祐元年（1275年），贾似道率领的三万大军在芜湖大败，成为众矢之的，朝野上下强烈要求处死贾似道。

　　谢太后认为贾似道是三朝元老，没有功劳也有苦劳，不能因为一时之罪失了待大臣的礼数，便将贾似道贬为高州团练使，循州安置，并抄了他的家。

　　贾似道行至漳州时，在木绵庵内被监押官郑虎臣所杀。消息传出，大快人心。

　　贾似道罢相后，朝廷如果能够振作起来，任用贤臣，局势或许还能扭转。但这时朝廷犯下了另一个严重的错误，竟任命胆小如鼠、畏敌如虎的陈宜中为相。

　　在陈宜中的主持下，宋朝终于陷入万劫不覆的深渊。

　　德祐元年春夏之交，战事最为激烈时，朝野纷纷要求陈宜中亲往前线督战，他却犹豫畏缩，不肯出城。文天祥、张世杰提出迁都东南，背

水一战,胆小的陈宜中否决了这项提议,一意求和。

德祐二年(1276年)正月十八日,谢太后派大臣杨应奎向元军献上降表和传国玉玺,哀求伯颜念上天好生之德,对宋朝皇室从宽处理。伯颜要求与宰相面谈,陈宜中一听吓破了胆,丢下太后和年幼的皇帝,于当天夜里逃出临安。

陈宜中逃走后,蒙古铁骑兵临城下,局面已无可挽回。

二月初五,临安举行了受降仪式,宋恭帝宣布退位。

三月二日,伯颜进入临安。元世祖下诏,要伯颜送宋朝君臣到大都朝见,宋恭帝同母亲和少数侍从踏上前往大都的路程。谢太后因有病在身,并未同行,但不久也在元军的逼迫下启程北上。

宋恭帝被俘后,忽必烈为了招

徕南方汉人，封他为瀛国公。

宋端宗

宋端宗赵昰是南宋第八位皇帝，1276年至1278年在位。

宋恭帝德祐二年（1276年），元军攻克临安时，5岁的小皇帝被俘。赵昰和弟弟赵昺由国舅杨亮节等护卫，随母亲杨淑妃出逃福建，被立为帝，杨太妃听政，改年号景炎。

宋端宗在福建开仓济民，救了好多饥民的命。当地百姓甚感其恩，元军统一中国后，当地百姓将平山阁改名为泰山宫，祭祀宋端宗。

宋端宗于1276年继位，时年只有7岁。在陆秀夫等人的拥戴下坚持抗元，力图恢复宋朝。

消息传到大都，忽必烈认为宋朝死灰复燃了，急令元军务必将南宋王室成员斩尽杀绝，不许漏网。

宋端宗在元军的追击下，只能由大将张世杰护卫着登上海船，在海上东逃西躲，疲于奔命。

景炎三年（1278年）三月，宋端宗为躲避元将刘深的追击，避入广州湾，不幸溺水，虽然被左右随从救起，但已经喝了一肚子水，一连好几天讲不出话来，病得很重。因元军追兵逼近，他和臣下不得不逃往碙州（今广东省雷州湾）。不到10岁的宋端宗经此颠簸，病势加重，几个月后便死去了。

宋末帝

南宋末帝赵昺是南宋第九位皇帝，1278年至1279年在位。

宋端宗死后，群臣灰心丧气，打算散去。陆秀夫说："度宗皇帝一子尚在，将如何处置！古时少康以五百人复兴夏朝，现在百官都在，士兵数万，这难道不可以立国吗！"于是，陆秀夫、张世杰、苏刘义等人又拥立8岁的卫王赵昺为帝。杨太妃依然听政，陆秀夫、张世杰协力辅佐，苏刘义负责保护小皇帝的安全。

新会县南八十里的海中有一座山叫厓山，地势险要，可以据守。张世杰认为碙洲不可久留，于是，小朝廷于这年六月迁到厓山。

张世杰派人入山伐木，造行宫及军营千余间，当时尚有官、民、兵二十余万，大多住在船上，物资和粮食从广东沿海各州郡征集。

元军船队刚追到厓山时，有人对张世杰说："元军如以舟师堵住海口，我们就不能自由进出了。为今之计，不如抢先占据海口，则得胜是国家之福，万一失败还可以西征。"张世杰担心久漂海上，士卒离心，不如与元军决战。于是，他把水军排成一字阵，用绳索将船只联结设防。

元将张弘范果然命舟师占据海口，切断宋军水道，厓山干渴十余日，将士疲乏，难以再战。这时，元军发起猛攻，战斗异常激烈。结果，宋军大败，将领翟国秀、凌震等降元。

张世杰、苏刘义坚持到日暮，自知无望，只得斩断船索，拥杨太妃突围。这时，忽然风雨大作，浓雾四起，咫尺不能相辨，张世杰率十六只战船突围而去。

陆秀夫走到帝昺船中，对帝昺说："国事至此，陛下当为国而死。德祐皇帝（指宋恭帝）北上受辱，

陛下不可再受辱了！"说罢，抱着9岁的帝昺投海而死，后宫和诸臣也多投海自尽。

张世杰突围后，还想奉杨太妃为女皇，图谋再举。杨太妃得知帝昺已死，捶胸大哭道："我忍死漂泊至此，正为赵氏这一块肉，如今再也无望了！"说罢投海而死。

四天后，张世杰移师海陵山（在阳江县之南海中），遇上飓风。将士劝他登岸，张世杰说："不必了。我为赵氏已尽忠竭力，一君亡，又立一君，今又亡。我之所以未死，是想在敌兵退后再立赵氏，以图中兴。如今风涛如此，这岂不是天意吗？"风涛越来越猛，张世杰舟覆溺死。南宋至此，彻底灭亡了。

再说宋恭帝渐渐长大，一晃16岁了。为了自保，

他向忽必烈申请出家为僧。忽必烈至元二十六年（1289年），忽必烈赏给宋恭帝许多钱财，叫他去西藏当僧人。宋恭帝到西藏萨迦寺出家，法号和尊。

宋恭帝学会藏文后，将《百法明门论》《因明人正理论》这两部汉传佛经译为藏文，为佛教做出了重大贡献。

元英宗至治三年（1323年），宋恭帝想起当年在杭州的岁月，有感赋诗一首，题于寺壁之上："寄语林和靖，梅花几度开？黄金台下客，应是不归来。"这首诗表达了他对南宋王朝的思念和无人助他中兴大宋王朝的遗憾心情。

不久，有人抄下这首诗上告请赏，宋恭帝不幸触犯了文字狱。元英宗大怒，下令赐死。宋恭帝是南宋灭亡时三位幼主中唯一侥幸活下来的人，但最后还是被杀了。